Encadrez vos broderies

Nathalie Brodu

l'inédite

sommaire

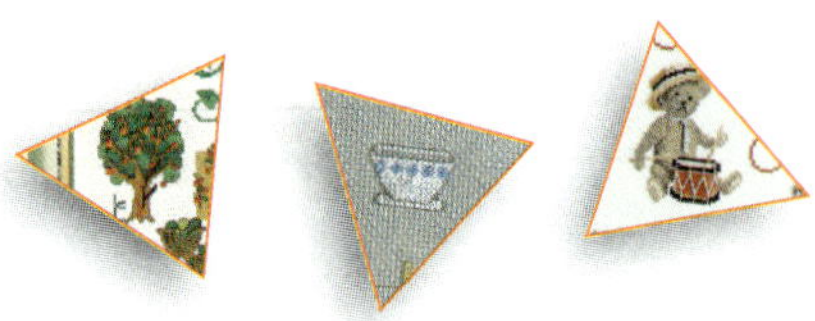

avant-propos

encadrez vos broderies

Pourquoi se contenter de mettre une simple baguette autour d'une broderie alors que des techniques d'encadrement permettent la mise en valeur et la protection de l'ouvrage, qui devient un véritable tableau.
Un encadrement bien choisi donnera à vos broderies l'éclat qu'elles n'auraient pas eu avec une simple baguette.
Mettre en valeur un ouvrage est l'aboutissement de votre travail de brodeuse et de décoratrice.
L'encadrement est un loisir accessible à toutes et à tous ; il demande d'acquérir certaines bases, de respecter certaines recommandations, puis de laisser parler son imagination.
Il demande également de la minutie, une certaine rigueur, beaucoup de soin et, surtout, de prendre son temps : avec une erreur de calcul ou une étape oubliée, tout est à recommencer. Il n'est pas nécessaire d'être un as des travaux manuels : beaucoup de personnes sont étonnées de ce qu'elles sont capables de réaliser.
Il existe une multitude de techniques d'encadrement.
J'en ai choisi cinq, qui sont simples mais qui permettent l'embellissement d'un ouvrage.
Toutes les techniques sont expliquées pas à pas et montent en " difficultés ".
Il est donc conseillé de ne pas sauter les étapes.

Matériel nécessaire

Matériel minimum qui permettra de faire des passe-partout et des biseaux.

- papier de verre à grain fin ou lime à ongle
- gros cutter + lames
- anneaux et tresse
- petit marteau
- réglet métallique de 50 cm
- règle lourde anti-dérapante
- cutter à 45°
- plioir
- équerre
- pinceau rouleau
- pinceau brosse
- crayon à papier bien taillé
- colle blanche
- papier kraft gommé de 4,5 mm
- tapis de coupe ou carton gris pour protéger la table
- gabarit d'angle à 45°
- 4 pinces
- ciseaux
- chiffon doux et propre

- Pour celles qui désirent se lancer dans la découpe des baguettes, il faudra ajouter un chasse clou diamètre 2 mm, une presse à cadre, de la colle à bois à prise rapide, des clous sans tête de 12 à 15 mm , une boîte à onglets.

encadrement, les bases

Quelques petits conseils

- Toujours travailler sur un plan plat et bien dégagé.
- Avoir les mains bien propres.
- Prendre son temps aussi bien au niveau des calculs que des découpes.
- Bien tenir le crayon à papier perpendiculaire, cela afin d'éviter des millimètres en trop.
- Éviter de couper sur du verre car les lames s'abîmeront plus vite.

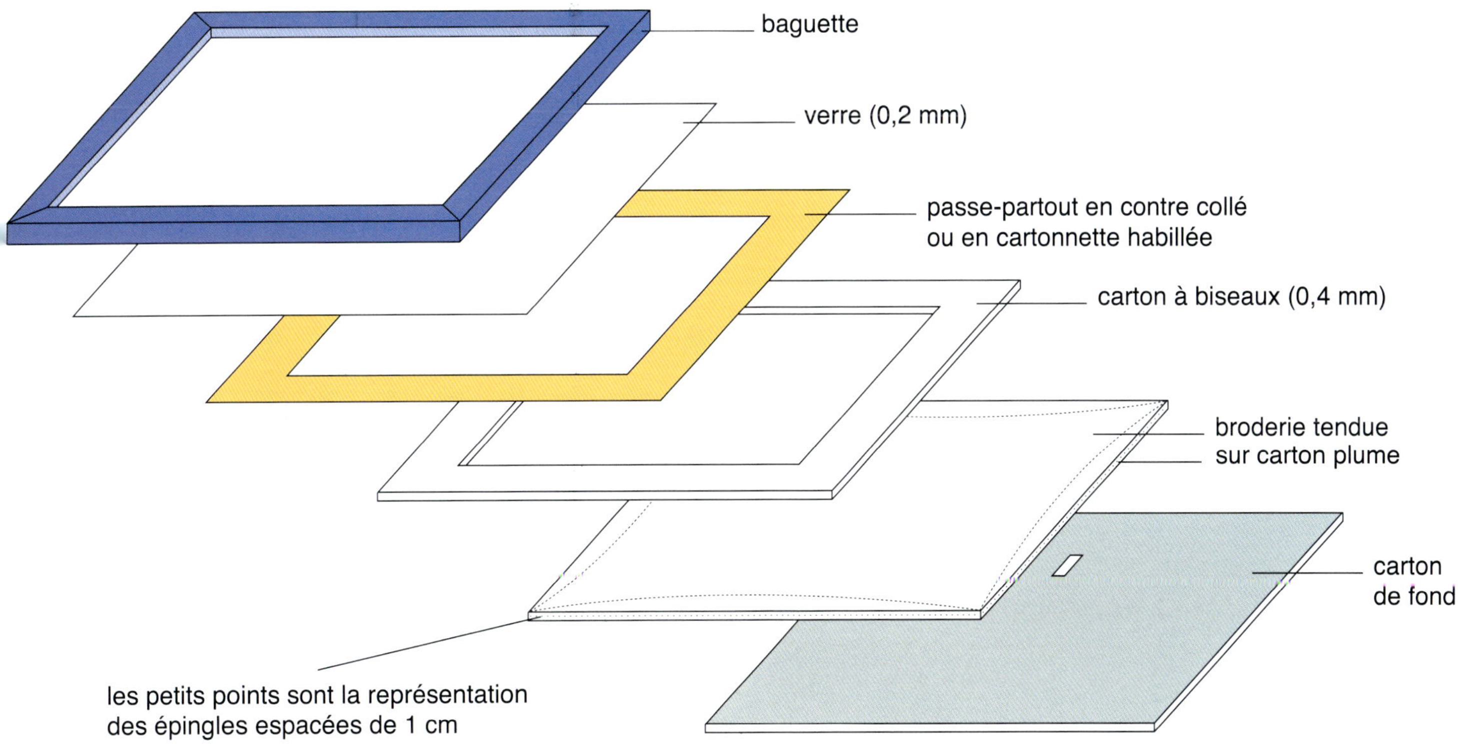

- **N'hésitez pas à vous référer au lexique pour avoir des précisions sur le vocabulaire !**

comment tendre une broderie

Noël au ruban

Dimensions :
28,5 x 34 cm

Matériel nécessaire

- carton plume
- ouatine ou molleton
- colle blanche
- épingles de 14 mm

Le matériel varie ensuite pour chaque type d'encadrement.

Marche à suivre

1 Bien repasser et amidonner la broderie.

2 Après avoir choisi le type d'encadrement désiré et avoir déterminé les dimensions du cadre, couper le carton plume légèrement plus petit (de 5 mm) que les autres cartons, car il faut compter sur le retour de la toile.

3 Coller le molleton sur le carton plume et attendre quelques minutes.

4 Centrer la toile sur le molleton sans la fixer, car il est préférable que la découpe intérieure des cartons soit faite. Cela permet de vérifier, en superposant le carton plume et le carton à biseaux, que la toile est bien centrée avant de la fixer à l'aide des épingles.

5 Fixer les 4 angles puis travailler en vis-à-vis, c'est-à -dire le dessus puis le bas et enfin les côtés, tout en exerçant une légère tension sur la toile et en espaçant les épingles d'environ 1 cm.

6 Lorsque les 4 côtés sont épinglés, bien rabattre la toile sur l'envers, aplatir les angles et les fixer à l'aide d'épingles enfoncées de biais dans le carton plume.

- L'avantage de cette méthode sans colle, est de pouvoir éventuellement récupérer la broderie pour la nettoyer ou pour changer le cadre. L'encadrement n'aura pas alors forcément les mêmes dimensions.

le cadre

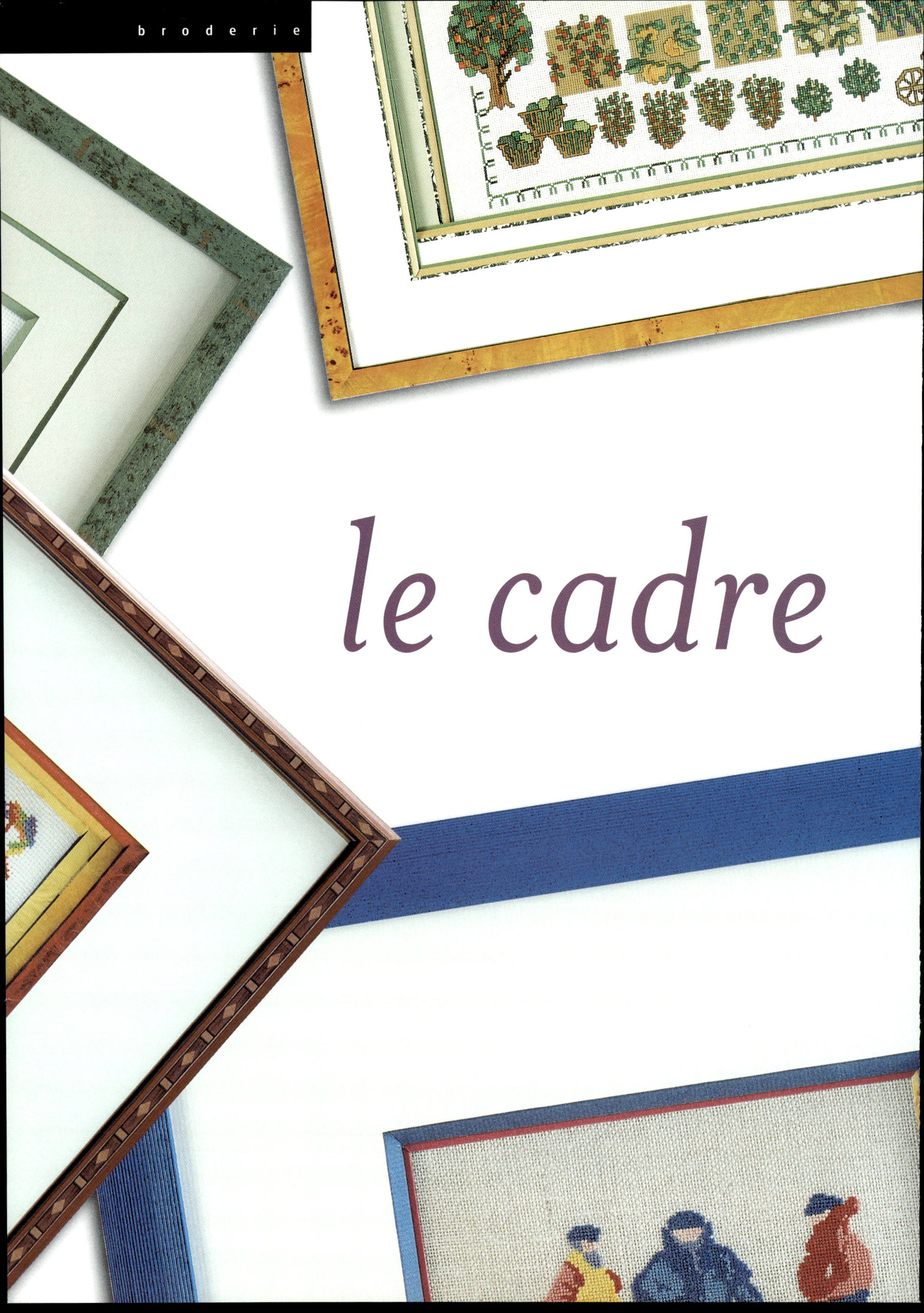

Le choix des couleurs est tout d'abord une histoire de goût. Mais il faut aussi tenir compte des couleurs de la broderie. Parfois la sélection des couleurs composant le tableau ne se fera qu'une fois la découpe des cartons terminée. Il sera alors possible de les comparer en superposant différents papiers entre chaque carton. Des complémentarités de tons insoupçonnées pourront apparaître. Le choix de la baguette se fait en dernier, une fois le «paquet» terminé, ce qui permet une meilleure vue d'ensemble et d'assortir la plus jolie baguette.

Pour réaliser votre cadre, il est nécessaire de respecter les étapes suivantes dans l'ordre mentionné. En effet, la découpe de la baguette ne peut se faire qu'une fois le paquet terminé, pour en prendre les mesures exactes sur le verre. De même, la pose de l'anneau se fait avant l'assemblage du paquet.

Pose de l'anneau

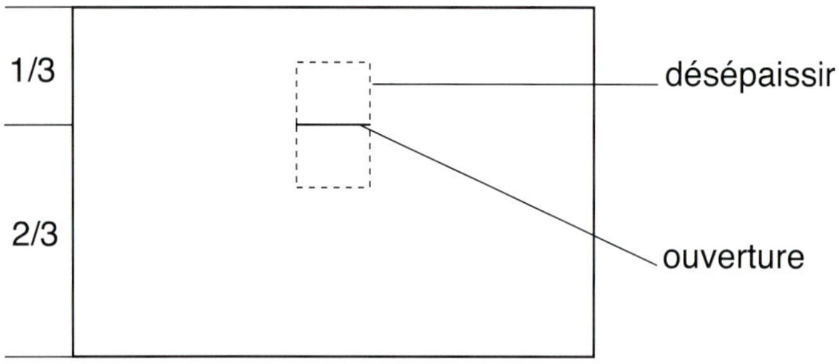

1 Sur le carton de fond de 2,5 mm, découpé aux dimensions convenues, faire un point au milieu dans le sens de la longueur et à 1/3 de la hauteur.
Prendre 0,7 mm de chaque côté de ce point puis tracer un rectangle de 4 cm, même chose en descendant.

2 Désépaissir ce rectangle de 1,4 cm x 8 cm au cutter.

3 Couper l'ouverture.

4 Préparer 8 cm de tresse, enfiler l'anneau, introduire la tresse dans la fente puis séparer les deux moitiés de tresse.

5 Coller sans lésiner et frapper fermement avec le marteau de façon à ce que la tresse rentre bien dans le creux.

Confection du paquet

1 Empiler les différents cartons, le fond, la broderie et le biseau avec son contre-collé, le verre préalablement nettoyé. Serrer avec les pinces.

2 Fermer le paquet en coupant quatre bandes de papier kraft aux dimensions des quatre côtés, la partie du papier kraft se trouvant sur le verre ne doit pas excéder 0,3 mm.

Prendre les mesures du métrage de la baguette

Calculer le périmètre du paquet :
(Hauteur + Largeur) du paquet X 2.
Ajouter 8 fois la largeur de la baguette choisie plus 15 cm de marge d'erreur. On compte 8 fois la largeur car on perd des centimètres à chaque inversion du sens de la coupe.

Calcul de la coupe

Exemple de calcul pour la broderie
«Retour de pêche» (voir page 14)
27,2 - (0,4 x 2) 0,8 + 0,3 = 26,07 cm.
C'est-à-dire : longueur (du paquet) moins deux fois la feuillure plus 0,3 mm de marge d'erreur.

Baguette vue de profil :

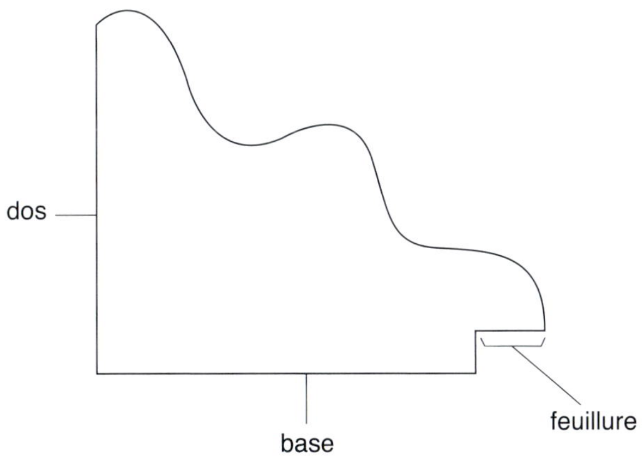

Découpe de la baguette

- Commencer par découper les grandes longueurs, car en cas d'erreur elles serviront pour la largeur.

1 Positionner la baguette dans l'appareil à onglet, bien à plat et le dos de la baguette bien appuyé sur l'appareil.

2 Serrer.

3 Couper le premier bout de la baguette à 45 °.

4 Pour la découpe du second angle, appliquer la baguette à cheval sur l'arête de la table.

5 Placer la règle graduée contre la baguette.

- En entourant la baguette d'un morceau de papier kraft, la marque sera plus distincte et protègera la baguette fragile de la morsure des dents de la scie. La marque ainsi faite permet de délimiter le second angle.

6 Replacer la baguette dans l'appareil à onglet.

7 Inverser le sens de la coupe.
Positionner la baguette de façon à faire coïncider précisément votre marque avec la scie.

8 Couper.
Après avoir coupé la première longueur, préparer la baguette pour la mesure de la longueur suivante en inversant le sens de la lame.

- Procéder de la même façon pour les autres coupes.

Collage de la baguette

1 Une fois les découpes faites, poncer légèrement les angles de façon à enlever tout éclat de bois et de résidu pour une bonne prise de la colle.

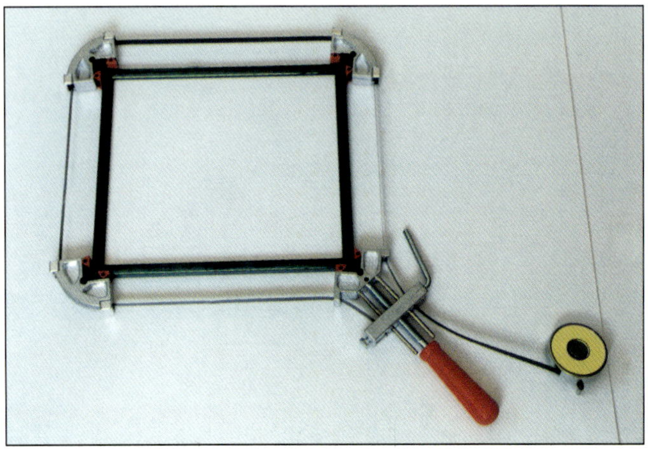

2 Positionner les baguettes dans la presse. Serrer et vérifier que les jointures des angles sont parfaites. Relâcher un peu le serre-joint.

3 Prendre la première coupe et, à l'aide d'un pinceau, encoller les deux angles. Replacer dans la presse.

4 Recommencer l'opération pour les trois coupes suivantes. Serrer la presse en veillant à ce que les angles soient bien ajustés.

Avec un chiffon humide enlever le surplus de colle. Le temps de prise dépendra de votre type de colle à bois.

5 Une fois votre baguette bien sèche, centrer votre paquet à l'intérieur.

6 Le paquet bien positionné, enfoncer deux clous sur chacun des côtés. Tout d'abord, enfoncer légèrement le clou droit puis à l'aide du chasse-clou, inclinez-le de façon à l'enfoncer dans la baguette, suffisamment pour qu'il ne touche pas le verre.

- Si la feuillure de votre baguette n'est pas suffisamment profonde pour recouvrir l'arrière du paquet, enfoncer vos clous dans le bois parallèlement au paquet.

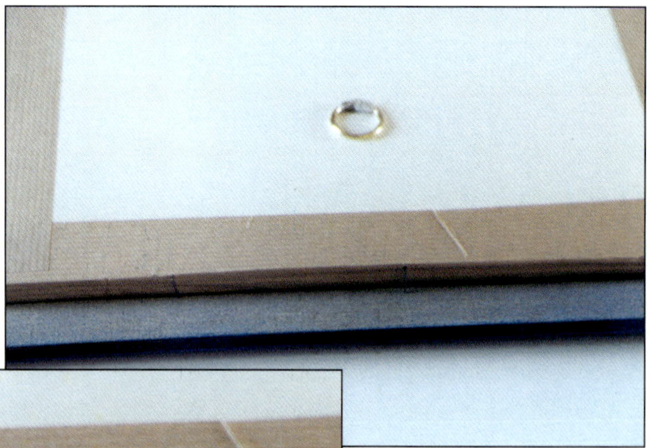

7 Cela terminé, coller des bandes de papier kraft sur la jonction du paquet et du talon de la baguette.

Assemblage du cadre

1 Poser l'anneau sur le carton de fond.

2 Centrer puis coller le carton plume sur le carton de fond.

3 Ajouter le passe-partout collé au carton à biseaux, le verre bien propre. Ajuster le tout, serrer à l'aide des pinces.

4 Faire le paquet.

5 Couper les baguettes, assembler.

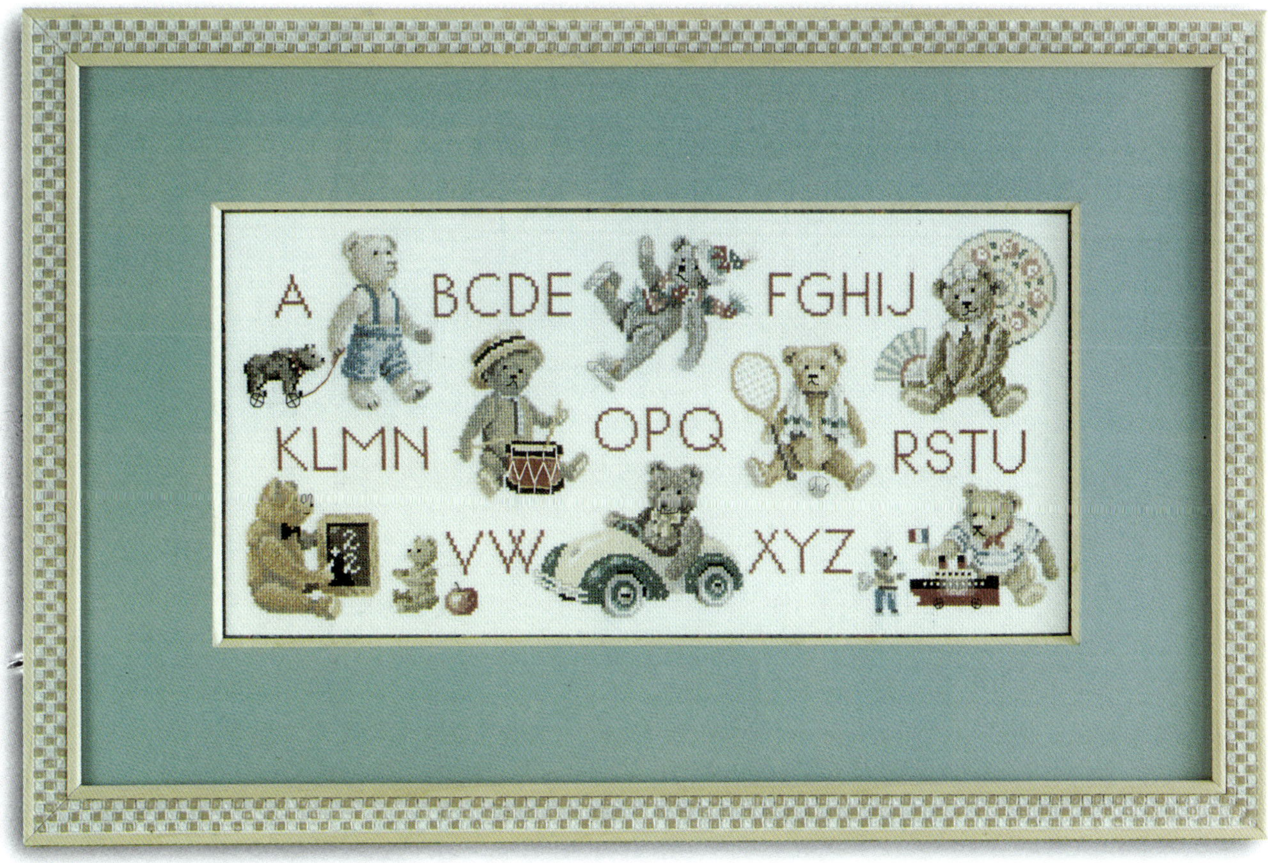

première technique

biseaux à 45 ° avec filets sous les biseaux et passe-partout en contre-collé

Pour cette broderie, la couleur dominante est le bleu, j'ai donc choisi de faire des biseaux et des baguettes bleues légèrement rainurées. Les filets colorés reprennent les vêtements des pêcheurs pour égayer le tout.

© COULEURS CROISÉES D'APRÈS UNE AQUARELLE DE CH. CAMBIER

retour de pêche

Dimensions :
29,5 X 32 cm

Tout d'abord, définir les dimensions. Faire un dessin, puis un tableau afin de n'oublier aucune des mesures.

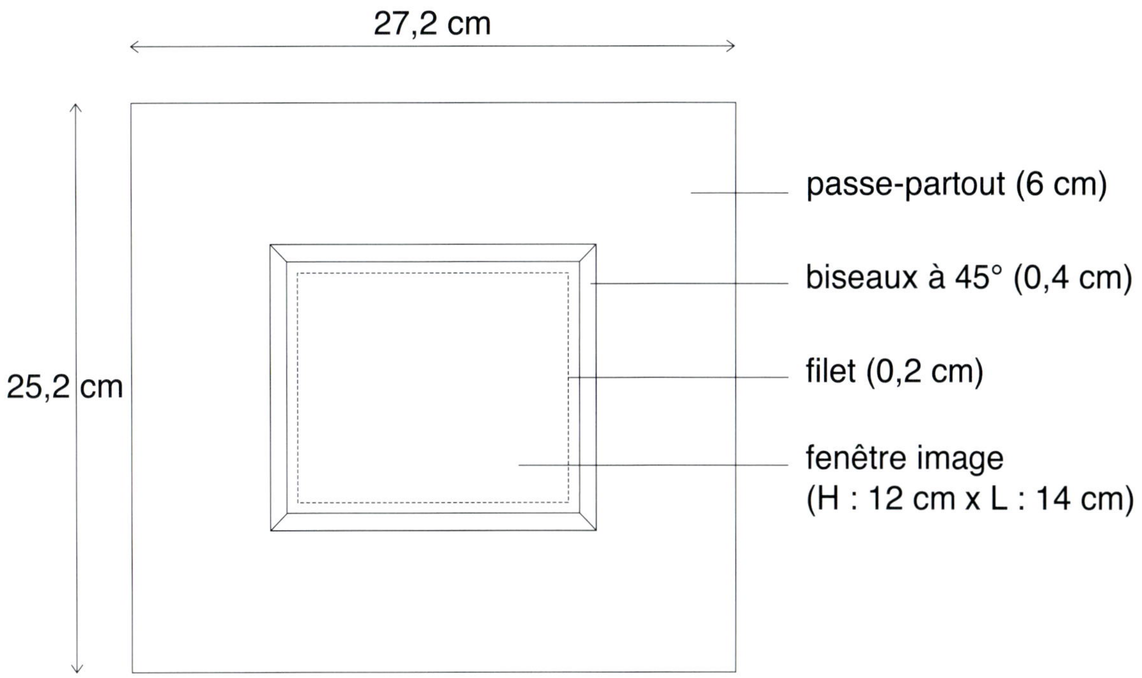

Tableau des mesures en cm
utilisées pour «Retour de pêche»

	hauteur	largeur
Fenêtre image	12	14
Biseaux (0,4x2)	0,8	0,8
Filet (0,2 x2)	0,4	0,4
Passe-partout (6x2)	12	12
Total	25,2	27,2

- La fi, ou fenêtre image, est ce que l'on désire voir apparaître de la broderie une fois l'encadrement terminé.

Matériel nécessaire

- **1 carton de fond (2,5 mm d'épaisseur)**
- **1 carton à biseaux (4 mm d'épaisseur)**
- **1 contre-collé ou vergé pour le passe-partout**
- **1 carton plume**
- **1 verre**
- **1 anneau**
- **1 tresse (8cm)**
- **ouatine**

- Pour le carton plume, il est préférable d'en diminuer légèrement les dimensions car il faut prendre en compte le retour de la toile, qui augmente la taille du carton de quelques millimètres.

Découpe intérieure des cartons

1 Le contre-collé devra être travaillé sur l'envers, traçage et découpe. Il faut toujours prendre une lame neuve, cela évite les petites déchirures du papier. Passer le plioir sur la découpe interne, c'est-à-dire la partie qui vient d'être coupée au cutter afin d'aplatir le contre-collé qui a tendance à se soulever lors de la découpe.

2 Faire une marge de 6 cm, correspondant à la largeur du passe-partout, tout autour du carton.

3 Évider le centre. Bien passer le plioir sur les bords découpés sur l'endroit.

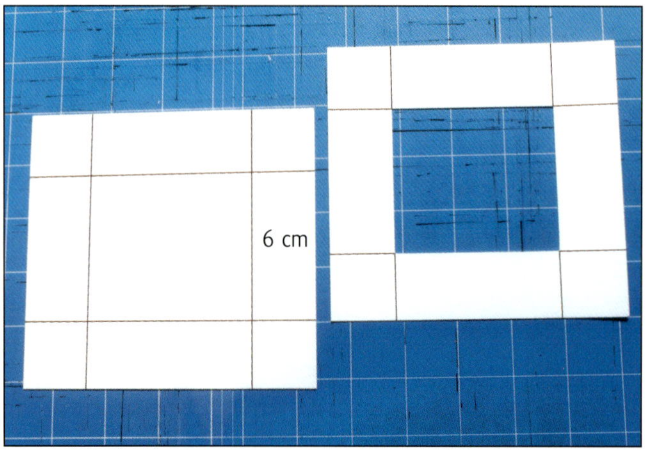

4 Reporter cette ouverture sur le carton à biseaux. Faire des repères afin de pouvoir repositionner les cartons dans le même sens que lors de la prise d'empreinte.

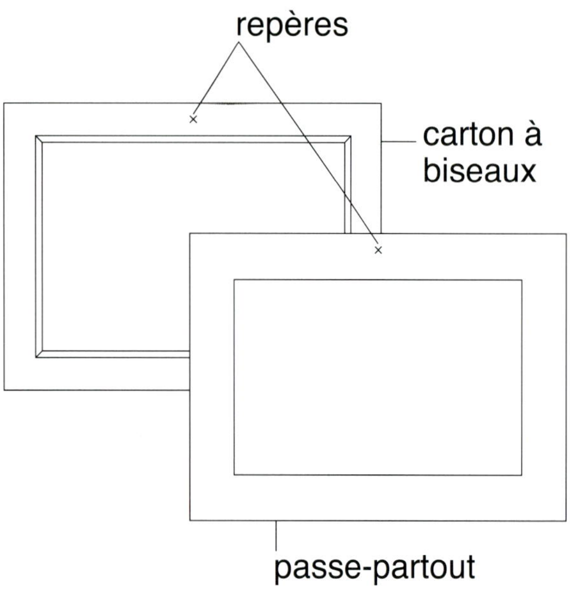

5 Ouvrir le carton à biseaux à l'aide du cutter à 45° en dépassant chaque tracé de 1,5 cm de chaque côté, afin de rentrer les bandes de papier pour l'habillage.

6 Faire un premier tracé léger afin de marquer la rainure, puis un second plus appuyé, et un troisième en appuyant fort. Peut-être vous faudra-t-il un quatrième passage.

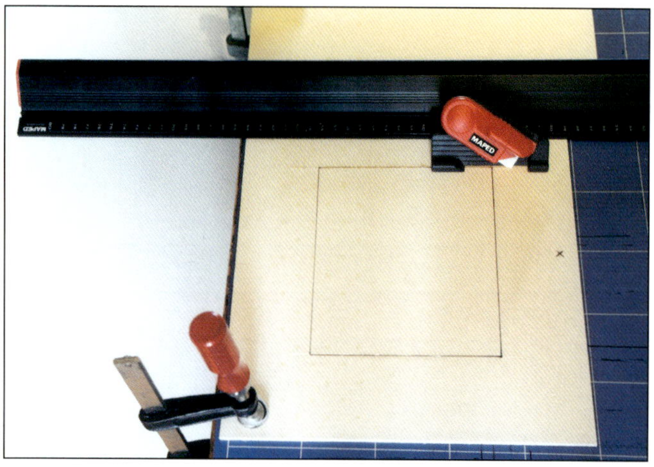

- En calant le carton par une chute de même épaisseur et en maintenant le tout à l'aide d'un serre-joint, on évite les dérapages incontrôlés du carton. Les biseaux seront donc plus nets.

7 Si une fois la découpe effectuée, les bords ne sont pas nets, limez-les délicatement à l'aide de la lime à ongle.

Habillage des biseaux

1 Soit d'une même couleur soit de couleurs différentes.

2 Couper 2 bandes de papier ou de relon de la largeur du réglet (3 cm) et de la longueur de l'ouverture, plus 3 cm, soit 15 cm sur la hauteur et 17 cm pour la largeur.

3 Procéder de la même manière pour les hauteurs. Plier les bandes en deux dans le sens de la longueur.

4 Bien marquer la pliure au plioir.

- L'habillage des biseaux se fait dans le sens des aiguilles d'une montre, ce qui permet d'ajuster à chaque fois la bande grâce au surplus de coupe (les 1,5 cm qui ont été coupés en plus avec le cutter à 45°).

  La seule bande à être posée en ayant pris les repères, sera la dernière : moins de repères à prendre, c'est moins d'erreurs éventuelles !

5 Le premier biseau s'habille en rentrant les deux extrémités dans le surplus de coupe. Coller le dessus et le dessous sans mettre de colle sur la pente du carton à biseaux.

Bien appliquer avec un chiffon propre.

6 Pour le second, découper la première extrémité à l'aide du gabarit d'angle, rentrer la seconde dans le surplus de coupe, ajuster la bande afin que l'angle coupé recouvre bien le biseau, coller.

7 Pour le troisième biseau, procéder de la même manière.

8 Le dernier biseau se découpe aux deux extrémités à 45°. Pour cela, retourner le carton, prendre des repères, couper, retourner le carton, ajuster, coller.

9 Ajuster le contre-collé et le carton à biseaux grâce aux repères et les coller. Mettre sous presse.
Un gros catalogue suffit.

Les filets

Vous pouvez choisir soit les quatre bandes de filet de la même couleur, soit comme dans l'exemple, deux couleurs ou trois, voire quatre couleurs différentes.

1 Couper deux bandes de la largeur du réglet et de la longueur de l'ouverture en y ajoutant 4 cm.
Même chose pour les deux bandes de la hauteur.

2 Plier en deux dans le sens de la longueur. Bien marquer la pliure à l'aide du plioir en appuyant bien sur toute la longueur.
Ouvrir de 2 mm le compas à pointe sèche. Poser le réglet sur la bande pour éviter que le papier ne bouge. Longer le bord plié du filet en appuyant légèrement avec le compas.
Vous obtenez ainsi vos 2 mm de filet et la légère marque faite au compas vous aidera lors du positionnement du filet.

- Si vous n'avez pas de compas à pointe sèche, faire un point à 2 mm sur chaque extrémité puis les relier en appuyant légèrement afin que la marque de crayon ne se voit pas.

3 Commencer par les deux longueurs.

4 Mettre la colle sur l'envers du carton à biseaux en vous arrêtant à 1,5 cm du bord de la fi. Coller le filet en ne laissant dépasser que les 2 mm désirés. Attendre quelques minutes afin que la bande collée ne bouge pas.

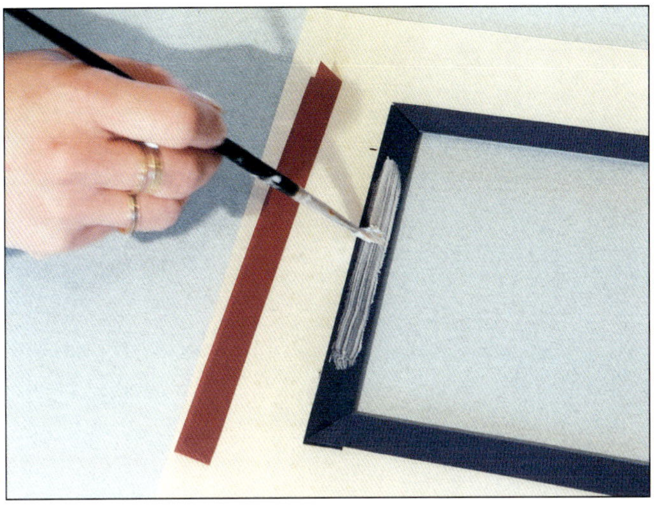

5 Recommencer l'opération en vis-à-vis.

6 Attendre quelques minutes que la colle sèche bien.

7 Entailler les angles du filet à l'aide du gabarit d'angle. photo de l'endroit :

8 Retourner le carton, protéger les angles avec une chute de carton pas trop épais et en vous aidant des repères faits ci-dessus, couper les 4 angles à 45°. photo de l'envers :

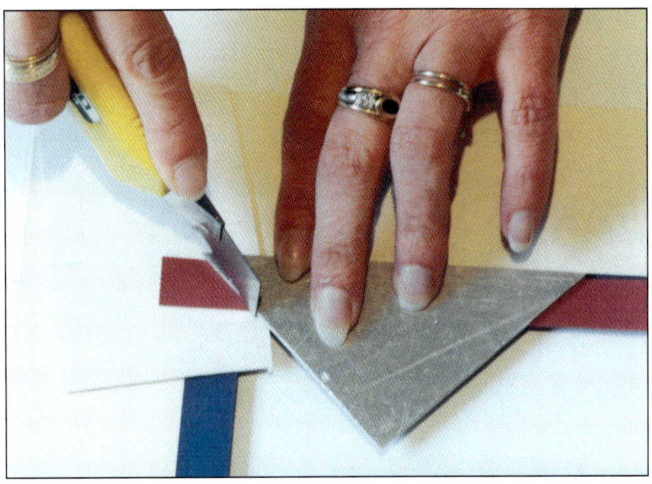

9 Poursuivre avec les deux bandes en largeur.

10 Encoller l'envers du carton à biseaux sur toute la longueur de l'ouverture.

11 Insérer la première bande dans les encoches des filets précédemment coupés à 45°. Bien appuyer. Recommencer la même opération pour la dernière bande.

- Bien coller les intérieurs des bandes. Mettre sous presse quelques minutes sous un gros catalogue ou un annuaire.

Assemblage du cadre

voir aussi chapitre «le cadre» pages 8 à 13

1 Poser l'anneau sur le carton de fond.

2 Centrer puis coller le carton plume sur le carton de fond.

3 Ajouter le passe-partout collé au carton à biseaux, le verre bien propre. Ajuster le tout, serrer à l'aide des pinces.

4 Faire le paquet.

5 Couper les baguettes, assembler.

Passe-partout en contrecollé, biseaux à 45° avec filet sous les biseaux. Pour cette broderie, j'ai choisi une dominante de vert et de jaune ocre qui reprenait les tons de la broderie. La baguette est assortie aux biseaux et le filet vert plus foncé rehausse le jaune des biseaux.

histoires d'ours

Dimensions :
70,5 X 45,5 cm

passe-partout en deux parties

Pour le choix des couleurs, on ne trouve dans cet exemple que deux tons, reprenant ceux de la broderie, le bleu et le blanc en alternance. Il est possible également, suivant le thème, de choisir d'habiller les deux parties du passe-partout d'une même couleur ou avec un dégradé. On remarquera également le blanc et le bleu de la baguette et des biseaux assemblés en alternance.

Dimensions :
41,5 x 48,5 cm

la maison de la plage

Pour cet exemple, le passe-partout est habillé et découpé en deux parties, mais vous pouvez le laisser entier.

Comme pour la précédente technique, tout d'abord, définir les dimensions du cadre en refaisant un dessin puis un tableau afin de n'oublier aucune des mesures nécessaires.

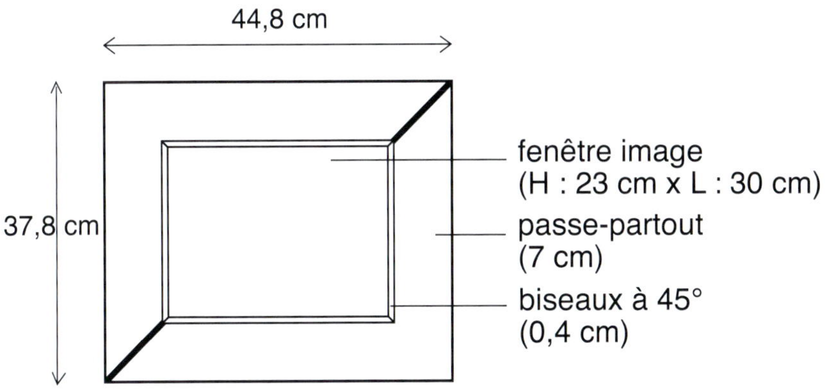

Tableau des mesures en cm
utilisées pour «La maison de la plage»

	hauteur	largeur
Fenêtre-image	23	30
Biseaux (0,4x2)	0,8	0,8
Passe-partout (7x2)	14	14
TOTAL	37,8	44,8

▸ Matériel nécessaire

- 1 carton de fond
- 1 cartonnette
- papier pour l'habillage du passe-partout (2 couleurs pour un passe-partout découpé en deux parties, 1 seule pour un passe-partout entier)
- 1 carton à biseaux
- 1 verre
- papier pour l'habillage des biseaux
- papier pour le creux entre les deux parties du passe-partout
- colle blanche

▸ Coupe du passe-partout

1 Prendre la cartonnette, tracer la marge. Ici elle est de 7 cm. Faire la découpe interne (voir page 16, où l'on avait choisi un contre-collé pour le passe-partout).

2 Superposer la cartonnette sur le carton à biseaux et reporter l'empreinte de la fenêtre sur ce carton à biseaux.

- Ne pas oublier de faire des repères pour qu'au moment de l'assemblage final, les cartons se retrouvent dans le même sens (voir page 16).

3 Ouvrir à l'aide de la règle lourde et du cutter à 45° (voir page 16, le chapitre Découpe intérieure des cartons). Laisser maintenant le carton à biseaux de côté.

4 Si vous avez choisi un passe-partout entier, passer directement à l'habillage. Sinon, reprendre la cartonnette, tracer une diagonale sur les deux angles opposés (où seront les creux), faire un point à 3 mm de chaque côté de cette diagonale au niveau des angles extérieurs, ainsi que sur les angles de la fenêtre image.

En reliant les parties, vous obtenez alors deux traits parallèles à votre diagonale. Faire des repères sur la cartonnette ainsi que sur les deux petites parties.

5 Découper selon les tracés en numérotant chaque petit morceau.

- Conserver les deux petites languettes de carton afin de pouvoir correctement positionner plus tard les deux morceaux du passe-partout sur le carton à biseaux et d'avoir ainsi un écart parfait entre chacune des deux parties.

Habillage du passe-partout

1 Mettre un peu de colle dans un bocal, diluer légèrement avec de l'eau.

2 Prendre un papier plus grand que la première coupe du passe-partout. Encoller soigneusement et uniformément la cartonnette avec un pinceau rouleau, déposer la partie encollée sur la cartonnette.

- Cette opération doit être faite soigneusement mais rapidement car la colle sèche vite. Faire bien attention au sens du papier s'il y a des motifs ou des reliefs.

3 Bien lisser le papier avec un chiffon propre afin d'éviter les bulles.

4 Mettre sous presse. Un gros catalogue suffit.

Pendant le séchage, recommencer l'opération avec le second morceau de cartonnette.

5 Reprendre les parties du passe-partout maintenant bien sèches.

6 Découper le surplus de papier à ras sur les bords extérieurs du passe-partout.

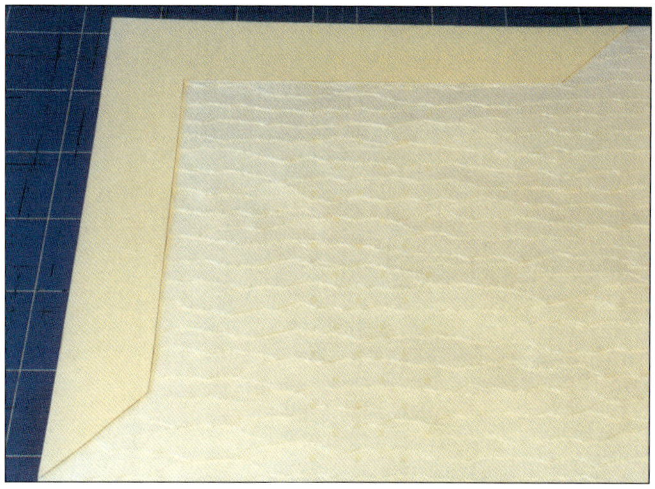

7 Faire la découpe intérieure en laissant une marge de la largeur du réglet pour les bords internes du passe-partout.

8 Faire un tracé à 45° au niveau de chaque angle à l'aide du gabarit.

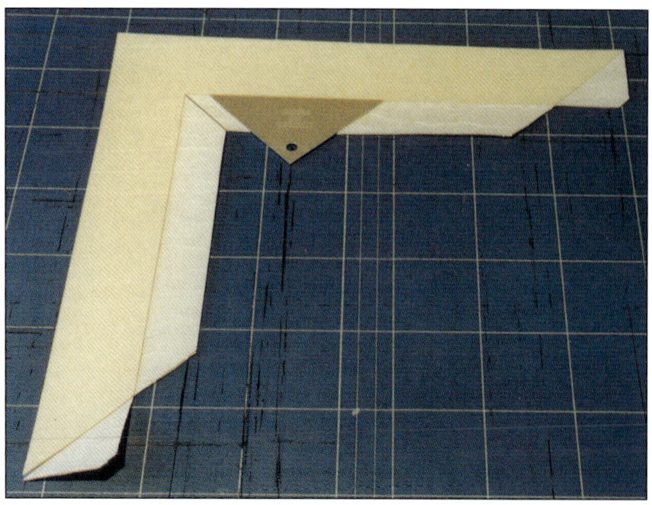

9 Couper suivant les traits.

Habillage des biseaux

Pendant le séchage, habiller les biseaux à 45° (voir page 17).

Remborder les surplus de papier

1 Marquer au plioir le bord de la cartonnette.

2 Bien tirer sur le papier en le pliant sur la cartonnette. Passer le plioir sur le bord.

3 Encoller la cartonnette, avec de la colle non diluée. Remborder en tirant bien sur le papier, lisser au plioir.

4 Remborder tous les côtés internes.

Le papier étant bien collé sur la cartonnette, couper le papier à ras de la cartonnette pour les bords extérieurs. Pour les bords intérieurs, couper en laissant l'équivalent du réglet.

Confection du creux entre les deux passe-partout

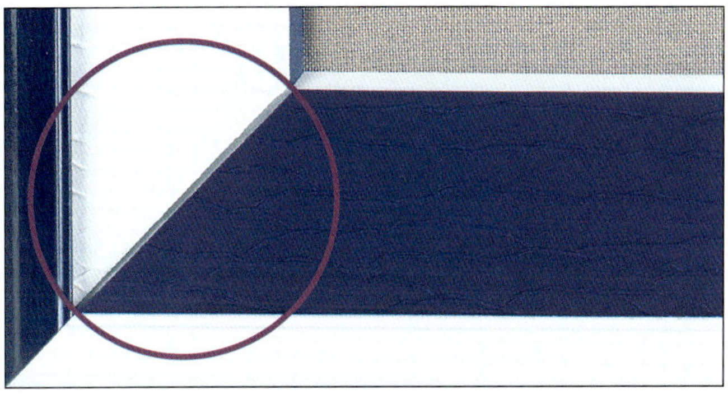

1 Tracer une diagonale aux deux angles opposés à recouvrir.

2 Couper deux bandes de papier de la couleur désirée, de 2 cm de large et de la longueur de la diagonale plus 3 cm.

3 Une fois la diagonale faite sur le carton à biseaux, découper un angle à 90° par rapport à l'angle droit du carton à biseaux qui couvrira le creux.

4 Couper, puis positionner pour vérifier l'ajustement. Ne pas coller, car il faut d'abord habiller les biseaux.

5 Coller les bandes sur les deux tracés faits auparavant sur le carton à biseaux, en ajustant bien de façon à ce que les bandes arrivent juste sur le bord supérieur du biseau.

▶ Collage des morceaux de passe-partout sur le carton à biseaux

Pour celles qui ont choisi un passe-partout entier, encoller le carton à biseaux puis ajuster le passe-partout en respectant les repères faits lors de la découpe. Sinon :

1 Encoller le carton à biseaux en veillant à ne pas mettre de colle sur les bandes de biseaux habillées.

2 Ajuster les deux morceaux de passe-partout sur le carton à biseaux en s'aidant des repères.

3 Positionner les deux petites languettes de papier qui ont été mises de côté pour servir de repères, afin d'obtenir un écart parfait entre les deux passe-partout.

4 Lorsque le tout est bien ajusté, retirer délicatement les deux languettes.

5 Mettre sous presse.

▶ Assemblage du cadre

voir aussi chapitre «le cadre» pages 8 à 13

1 Poser l'anneau sur le carton de fond.

2 Centrer puis coller le carton plume sur le carton de fond.

3 Ajouter le passe-partout collé au carton à biseaux, le verre bien propre. Ajuster le tout, serrer à l'aide des pinces.

4 Faire le paquet.

5 Couper les baguettes, assembler.

bateau de pêche

Le thème de la broderie étant la mer, le bleu domine et, pour illuminer le tout, le jaune et le rouge des filets et des creux entre les passe-partout reprennent les couleurs pimpantes du bateau.

Dimensions :
38,5 x 35 cm

filet en creux sur passe-partout

Pour retouver la dominante des couleurs de la broderie, le blanc et le bleu, et éclaircir le tableau, j'ai choisi des biseaux blancs et un filet en creux bleu plus foncé pour donner de la profondeur. La baguette laquée reprend le bleu de la cafetière en plus lumineux.

Dimensions : 50,5 x 39,5 cm

torchons bleus

Le filet en creux est une technique simple qui permet d'apporter une note de couleur supplémentaire à la broderie, grâce à une perspective en relief donnée par le filet creusé dans le passe-partout.

Pour cet exemple le creux sera de forme rectangulaire, mais il peut également se faire en chantourné, c'est-à-dire en prenant par exemple la forme d'une tasse si le sujet brodé en est une, une forme de bateau, de fleur... Mais faisons simple pour commencer.

Définir les mesures en faisant un tableau et un dessin pour ne rien oublier.

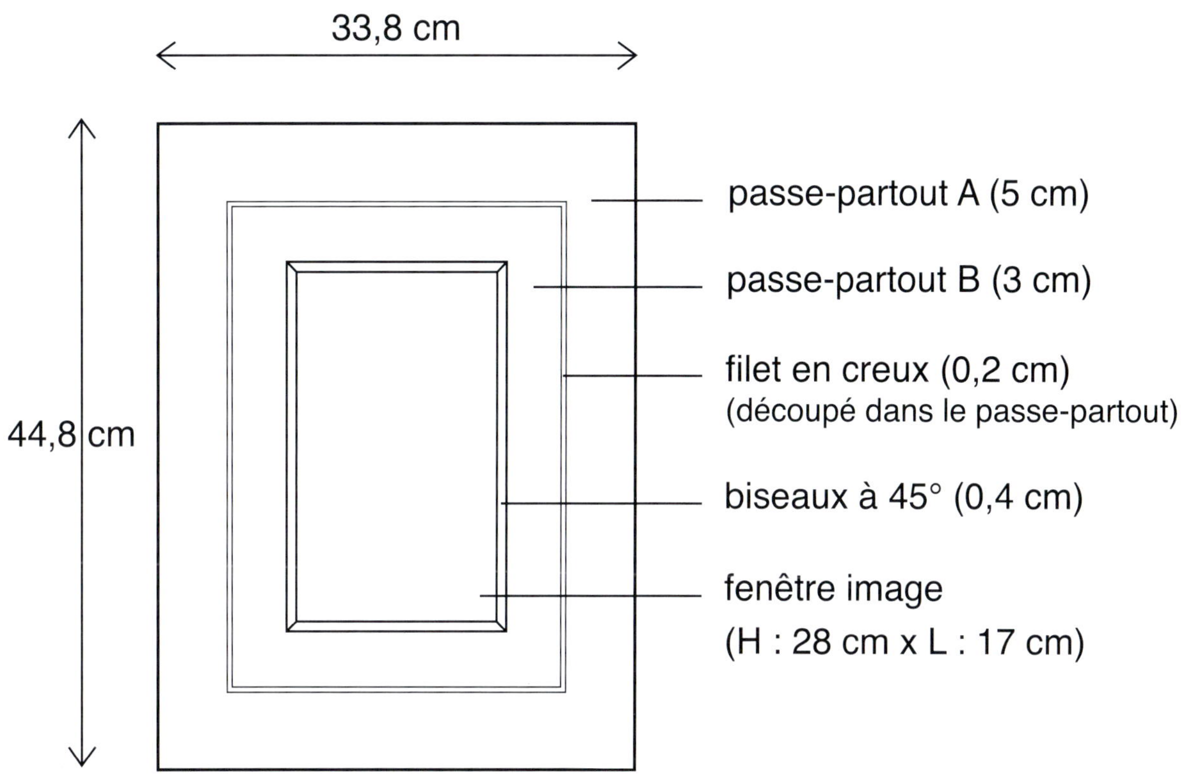

Tableau des mesures en cm
utilisées pour «Torchons bleus»

Pour un bon équilibre de l'encadrement, il est préférable de prendre un passe-partout d'au moins 8 cm. Le filet en creux étant découpé dans le passe-partout, on ne le compte pas dans le tableau des mesures.

	hauteur	largeur
Fenêtre image	28	17
Biseaux (0,4x2)	0,8	0,8
Passe-partout (2x8)	16	16
TOTAL	44,8	33,8

Matériel nécessaire

- 1 carton de fond
- 1 carton à biseaux
- 1 contre-collé
- papier ou autre support pour l'habillage des biseaux et du creux, soit de couleurs différentes comme sur cet exemple, soit d'une seule couleur pour les biseaux et pour le creux .

Découpe des cartons

1 Découper les trois cartons aux dimensions définies (cartons à biseaux, contre-collé, carton de fond).

2 Faire les découpes internes du passe-partout et du carton à biseaux (voir page 16).

- Prendre bien soin de mettre une lame neuve pour la découpe interne du passe-partout en contre-collé.

3 Passer le plioir le long de la découpe interne afin de rabattre le contre-collé qui se déforme légèrement lors de la coupe.

- Si le contre-collé se déchire lors de la découpe, bien vérifier que la lame du cutter soit neuve et que votre plan de travail soit bien lisse.

Habillage des biseaux

(voir page 17).

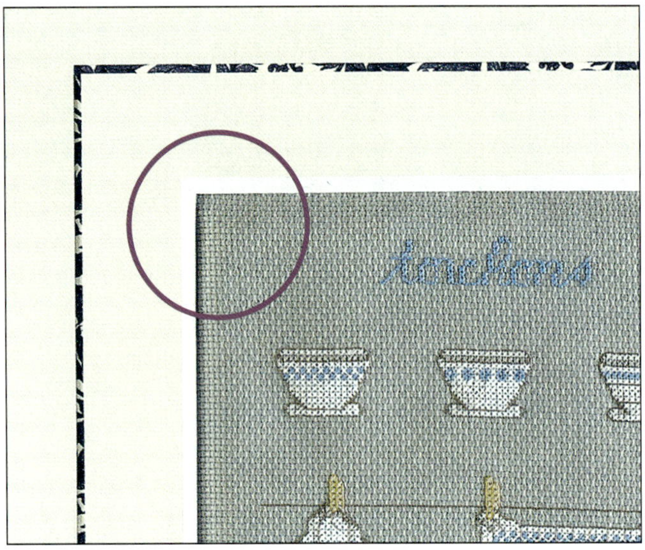

Découpe du filet en creux

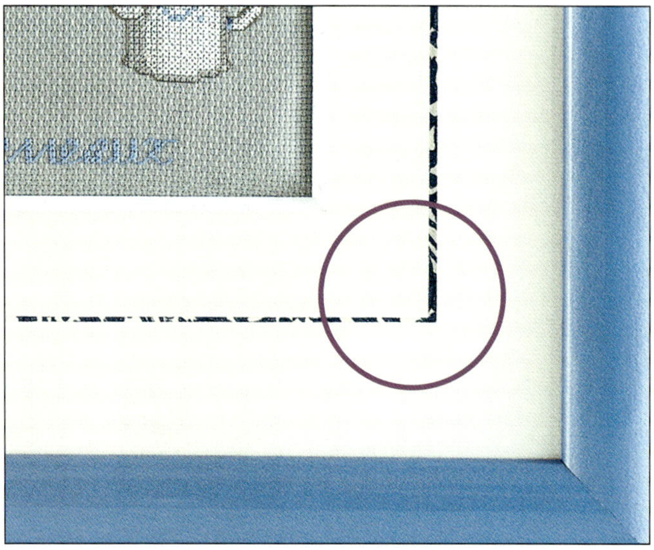

1 Reprendre le contre-collé, et le retourner : étant très fragile, mieux vaut le travailler sur l'envers.

2 À 3 cm du bord de la fenêtre image, tracer une seconde ouverture puis une troisième à 3 mm de la seconde.

3 À l'intérieur des deux derniers tracés, faire une marque, puis une également sur chacune des deux parties afin de pouvoir repositionner le tout dans le bon ordre.

4 Faire la découpe de ce sillon en veillant à ne pas dépasser les limites faites au crayon.

- Il faut impérativement s'appliquer dans la découpe et garder précieusement le sillon, qui doit rester entier et qui sera réutilisé pour bien repositionner les deux parties du passe-partout.

- Bien tenir son cutter perpendiculaire.

▸ Habillage du filet en creux

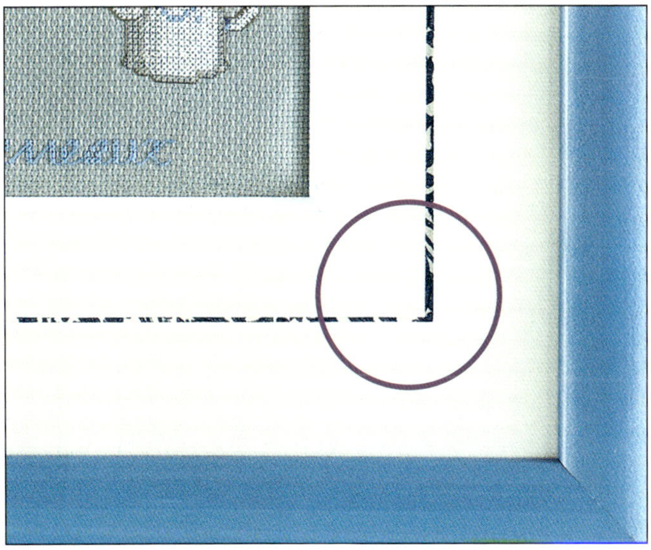

1 Faire un tracé sur le carton à biseaux à l'endroit où se trouvera le creux.

- Pour cela, poser le passe-partout B, marquer un point à chaque angle intérieur de ce passe-partout sur le carton à biseaux, relier ces points en continuant les traits un peu plus loin.

2 Couper quatre bandes de la largeur du réglet et de la longueur de chaque tracé, plus 4 cm.

3 Encoller le carton à biseaux le long des tracés en s'arrêtant à 1 cm de chaque point.

4 Coller les bandes.

5 Couper les angles des bandes à 45°. Vous pouvez, pour vous aider, tracer au préalable des diagonales sur le carton à biseaux.

6 Finir de coller les petits morceaux de bandes qui ne l'avaient pas été.

7 Coller sur le carton à biseaux le passe-partout A : celui qui se trouve contre les biseaux, toujours en faisant se correspondre les repères.

8 Positionner le sillon qui avait été gardé, sans mettre de colle car il sert uniquement pour l'ajustement.

9 Coller l'autre partie du passe-partout.

10 Retirer délicatement le sillon.

11 Laisser sécher quelques minutes.

Assemblage du cadre

voir aussi chapitre «le cadre» pages 8 à 13

1 Poser l'anneau sur le carton de fond.

2 Centrer, puis coller le carton plume sur le carton de fond.

3 Ajouter le passe-partout collé au carton à biseaux, le verre bien propre. Ajuster le tout, serrer à l'aide des pinces.

4 Faire le paquet.

5 Couper les baguettes, assembler.

« Encadrer vos broderies, c'est aussi décorer votre maison ! »

retour du marché

Dimensions :
35,5 x 35,5 cm

Pour cette broderie, j'ai choisi un camaïeu de vert.
La baguette en bois est verte et ocre pour adoucir l'ensemble.
La progression dans les teintes de vert est assurée
par le creux du filet qui est plus foncé que les biseaux,
et par la baguette qui est plus foncée que le creux du filet.

biseaux en escalier

la palette

Dimensions :
38,5 x 32 cm

Ici, les couleurs de l'escalier et des biseaux reprennent les tons chauds de la broderie, du plus clair au plus foncé. La couleur bleue de la coupe droite du haut reprend celle du dessus des marches, la baguette rouge foncé en marquetterie, celle de la couleur des derniers biseaux.

Les biseaux en escalier sont bien adaptés aux broderies ayant pour thème des personnages, un magasin, une maison, un jardin, etc.
Dans cet exemple, biseaux en escalier, sur le passe-partout en contre-collé.
Pour «Vent de noroît» (voir page 39), j'ai ajouté un filet en creux.
Vous pouvez aussi choisir d'habiller le passe-partout avec le papier de votre choix ou de mettre un contre-collé sans le creuser.

- Contrairement à l'habitude où l'on multiplie toujours par deux les biseaux, on ne le fait pas ici pour la hauteur car il s'agit d'une coupe droite.

Nous n'avons donc pas, dans ce cas, de pente à prendre en compte.

Faisons le dessin puis le tableau des mesures.

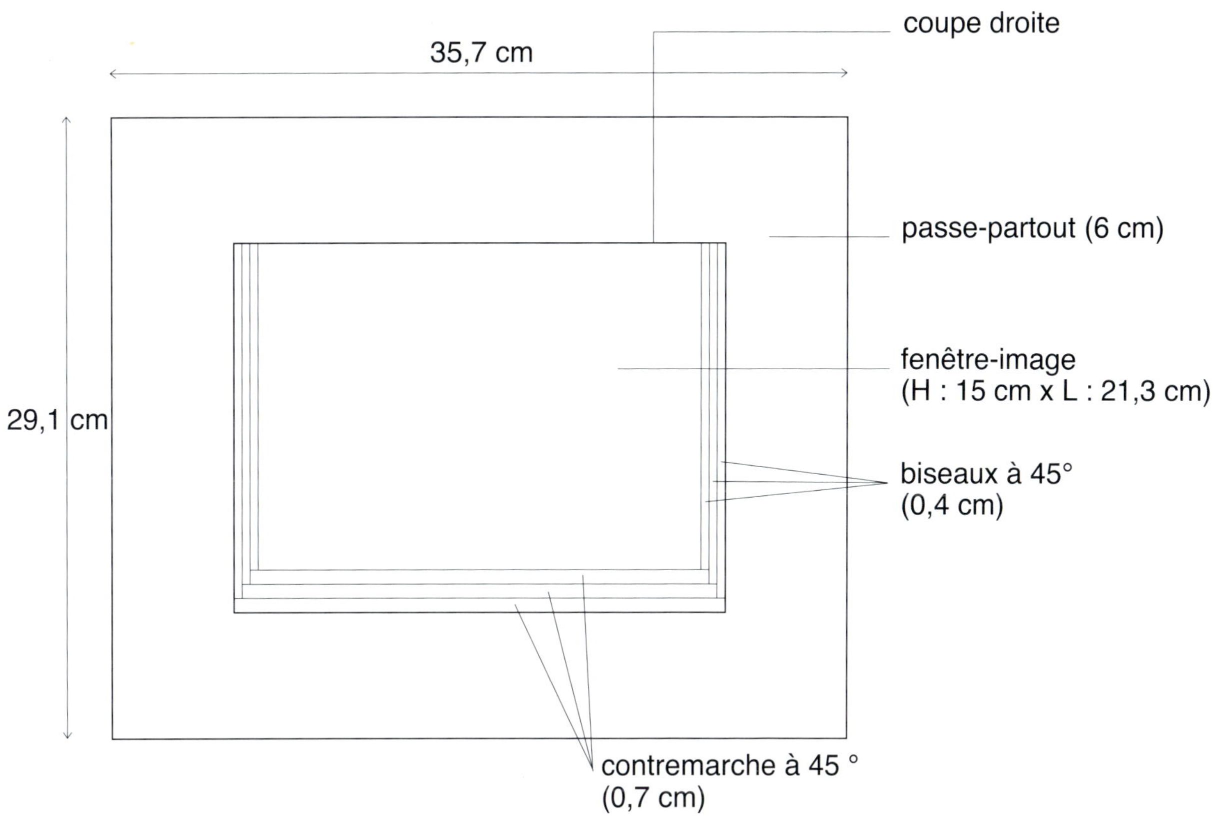

Tableau des mesures en cm
utilisées pour «La palette»

	hauteur	largeur
Fenêtre image	15	21,3
Biseaux	(3x0,7)=2,1	(6x0,4)x2=2,4
Passe-partout (2x6)	12	12
TOTAL	29,1	35,7

Matériel nécessaire

- **1 contre-collé (ou 1 cartonnette à habiller)**
- **3 cartons à biseaux**
- **1 carton de fond**
- **papiers dont 1 foncé pour le dessus des marches, pour l'habillage des biseaux à 45°, de la coupe droite du haut et pour les contremarches.**

Découpe des cartons

1 Découper les 5 cartons aux dimensions définies (3 cartons à biseaux, 1 contre-collé, 1 carton de fond).

2 Faire les découpes internes du passe-partout.

3 Prendre bien soin de mettre une lame neuve pour la découpe interne du passe-partout en contre-collé.

4 Passer également le plioir le long de la découpe interne afin de rabattre le contre-collé qui se déforme légèrement lors de la coupe.

- Si le contre-collé se déchire lors de la découpe, remplacer la lame et vérifier que le plan de travail est bien lisse.

Ouvrir le passe-partout

1 Prendre l'empreinte du premier carton à biseaux avec le passe-partout. Ne pas oublier les repères.

2 Rajouter, vers l'intérieur, sur le tracé du bas du carton à biseaux, 0,7 mm pour la première marche.

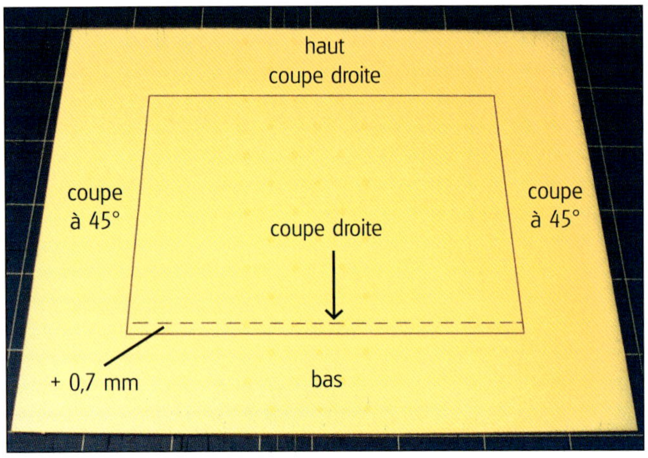

3 Ouvrir le haut et le bas en coupe droite à l'aide du cutter simple en le tenant bien perpendiculaire à la règle, puis ouvrir les deux côtés avec le cutter à 45°.

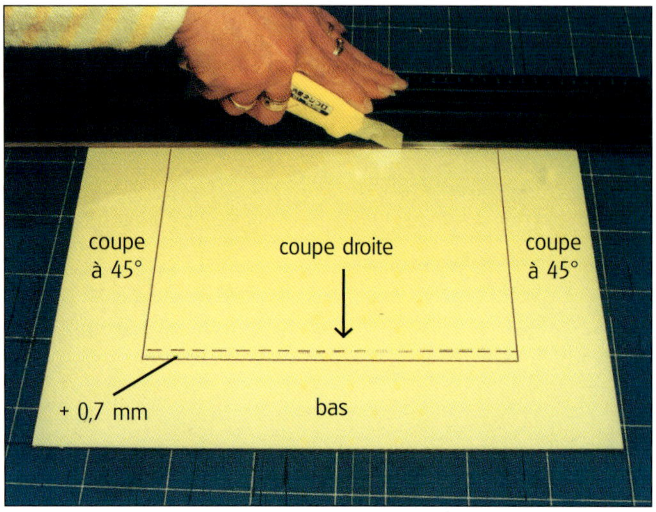

4 Prendre le second carton à biseaux, positionner le premier carton à biseaux dessus, prendre l'empreinte, ajouter 0,7 mm sur le tracé du bas pour la seconde marche, ouvrir comme précédemment.

5 Renouveler l'opération avec le troisième carton à biseaux, en prenant le second pour l'empreinte et en rajoutant également 0,7 mm pour la dernière marche.

Habillage du dessus des marches

1 Couper 3 bandes de papier bleu foncé de la longueur de la marche plus 4 cm et de la largeur du réglet. Y faire les tracés comme ci-dessous.

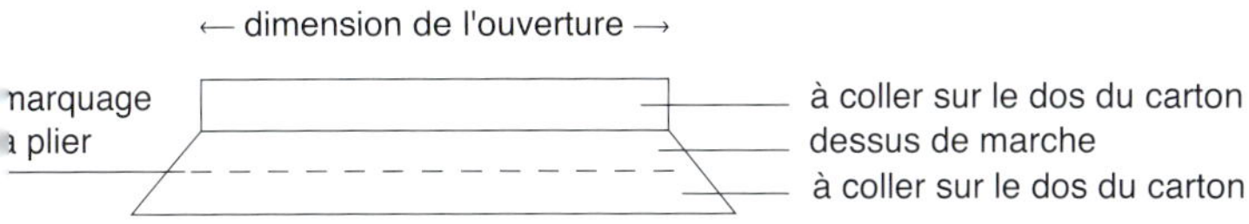

2 Marquer les tracés au plioir. Bien marquer la pliure.

3 Coller en ne mettant la colle que sur le devant et sur le dos de la marche.

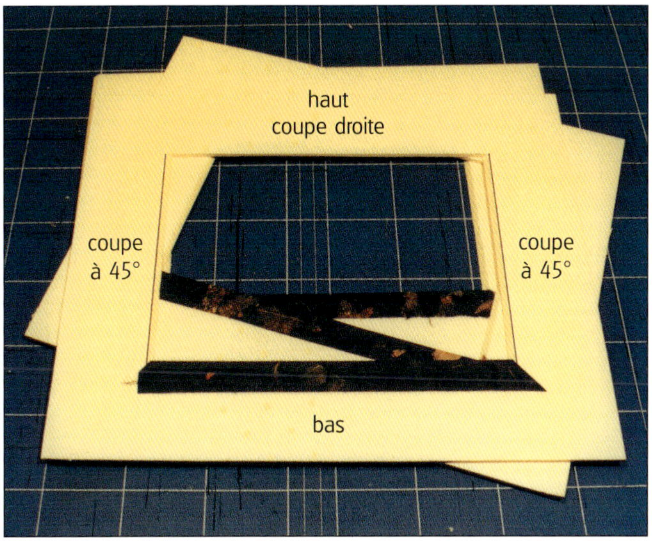

4 Même opération pour les deux autres marches.

5 Recouvrir les biseaux à 45° en les arrêtant droit en haut et en bas.

- Contrairement à la manière habituelle où l'on coupait les extrémités à 45°, ici l'on mesure exactement la longueur du biseau et l'on coupe la bande tout droit.
- Pour une meilleure prise des mesures, retourner le carton.

6 Positionner les bandes pour bien vérifier que la coupe est bonne. Coller.

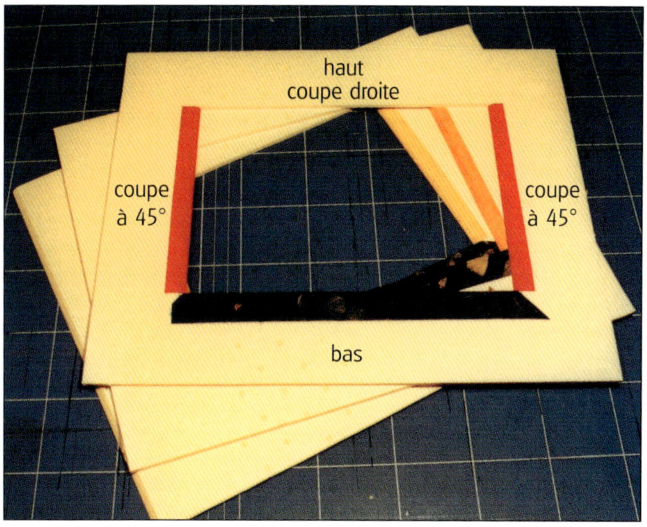

7 Recouvrir le dessus des marches d'une bande de papier de 1 cm de large et de la longueur de la marche, plus 2 cm.

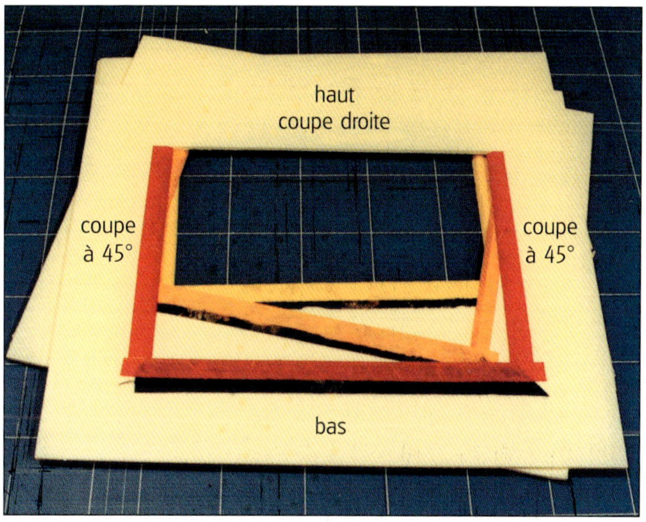

8 Coller les trois cartons à biseaux en veillant à ce qu'ils soient bien ajustés. Mettre sous presse quelques minutes. Un gros catalogue suffit.

9 Recouvrir la coupe du haut. Pour cela, couper une bande de papier de 4 cm de large et de la longueur de l'ouverture de la coupe, plus 4 cm.

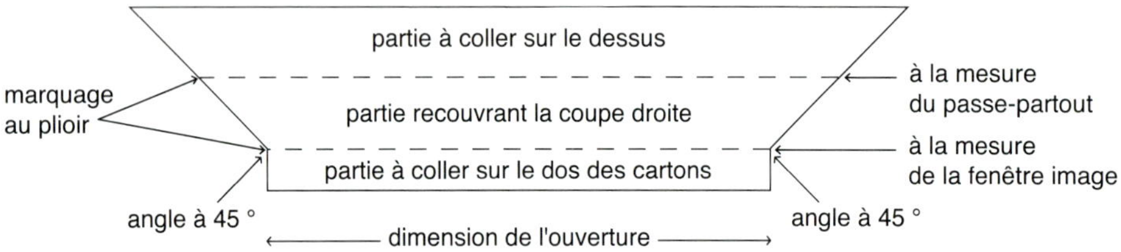

10 Positionner la bande pour vérifier que les deux angles soient bien recouverts (sinon, refaire une découpe de papier) et coller, en veillant bien à ne pas mettre de colle sur la tranche.

11 Coller le contre-collé ou la cartonnette habillée sur les cartons à biseaux.

Assemblage du cadre

voir aussi chapitre «le cadre» pages 8 à 13

1 Poser l'anneau sur le carton de fond.

2 Centrer, puis coller le carton plume sur le carton de fond.

3 Ajouter le passe-partout collé au carton à biseaux, le verre bien propre. Ajuster le tout, serrer à l'aide des pinces.

4 Faire le paquet.

5 Couper les baguettes, assembler.

« Un encadrement original pour donner de la profondeur à votre tableau ! »

vent de noroît

Dimensions :
36 X 32 cm

Une broderie faite de nuances de bleu, d'où des dégradés de bleu pour les biseaux en escalier, du plus clair au plus foncé ; deux tons de bleu pour les filets afin d'accentuer les reliefs ; la baguette de couleur naturelle, avec une torsade bleu ciel donne un ton pastel à l'ensemble.

biseaux imbriqués

Cette broderie a une dominante de bleu, les biseaux et les passe-partout sont blancs comme la toile de la broderie. Les filets sous le passe-partout sont bleus et blancs et, pour accentuer le contraste, j'ai ajouté des filets bleu foncé sous les biseaux.
La baguette, or et bleue, rappelle la gamme des tasses et le bleu dominant de ces mêmes tasses.

thé bleu

Dimensions :
53,2 x 43,2 cm

Pour cet exemple : biseaux imbriqués, avec filets posés entre les trois passe-partout et les biseaux ainsi que sous les biseaux.

Faisons notre dessin, puis le tableau des mesures, indispensable pour cet exemple car pour ne rien oublier, mieux vaut tout détailler.

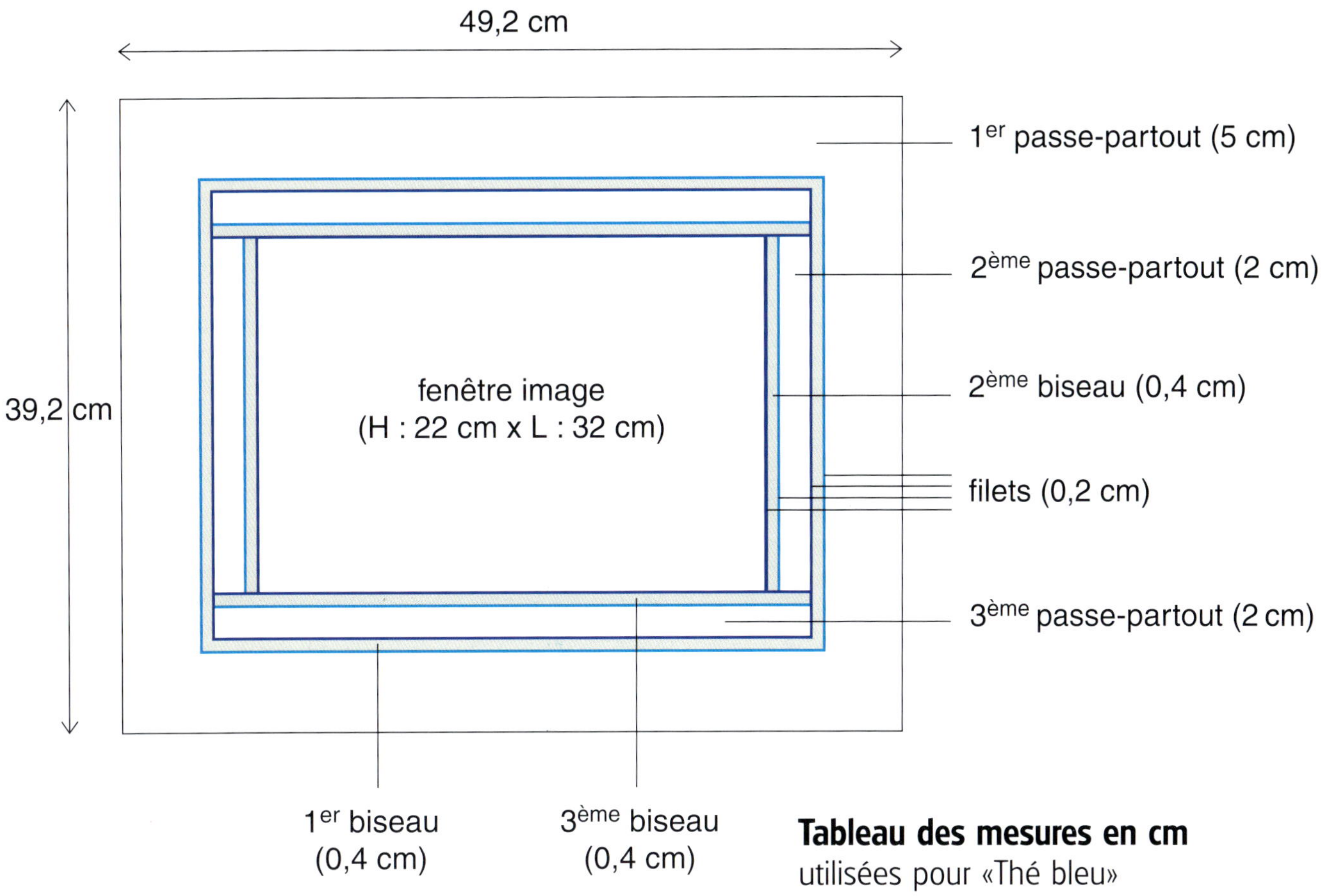

Tableau des mesures en cm

utilisées pour «Thé bleu»

	hauteur		largeur
1er passe-partout	5,0	**1er passe-partout**	5,0
Filet	0,2	Filet	0,2
Biseaux	0,4	Biseaux	0,4
Filet	0,2	Filet	0,2
2ème passe-partout	2,0	**3ème passe-partout**	2,0
Filet	0,2	Filet	0,2
Biseaux	0,4	Biseaux	0,4
Filet	0,2	Filet	0,2
Fenêtre image	22	Fenêtre image	32
Filet	0,2	Filet	0,2
Biseaux	0,4	Biseaux	0,4
Filet	0,2	Filet	0,2
2ème passe-partout	2,0	**3ème passe-partout**	2,0
Filet	0,2	Filet	0,2
Biseaux	0,4	Biseaux	0,4
Filet	0,2	Filet	0,2
1er passe-partout	5,0	**1er passe-partout**	5,0
TOTAL	39,2	TOTAL	49,2

La superposition des différents passe-partout en hauteur et en largeur est un moyen efficace pour donner de la profondeur au tableau.

On peut faire plus simple en ne mettant pas les filets mais soyons courageux, le résultat est à la mesure de l'épreuve !

Les différentes techniques utilisées dans cet exemple ont toutes été déjà expliquées, mais nous allons les adapter différemment.

Matériel nécessaire

- 3 contre-collés
- 3 cartons à biseaux
- 1 carton de fond
- 1 verre
- papiers de couleur pour les biseaux et les filets

Ici les biseaux sont habillés avec un papier blanc et les filets en papier Canson bleu marine et papier fantaisie. Vous pouvez également à la place des trois contre-collés, faire le choix de passe-partout habillés.

- Pour cette technique, il faudra surtout ne pas oublier les repères, car il est impératif que tous les cartons soient dans le bon sens et bien alignés.

- Appliquez vous également pour la découpe des cartons et pour la pose des filets.

Premier passe-partout et premier carton à biseaux

1 Faire la découpe interne du premier passe-partout, en veillant à mettre une lame neuve.
Ici, la marge est de 5 cm.

2 Couper 4 bandes de papier pour les filets.

3 Les coller sous le contre-collé en suivant les explications données aux pages 18 et 19.
Pour un dépassement parfait de 0,2 mm, vous devez vous servir du compas à pointe sèche.

4 Bien plier en deux votre filet, positionner votre réglet dessus afin qu'il reste bien droit. Ouvrir le compas à 2 mm, le passer sur le bord plié en appuyant légèrement et en suivant bien la pliure.
Vous obtiendrez ainsi une ligne parfaite de 2 mm et la légère marque faite par le compas vous guidera lors du positionnement.

5 Prendre ce passe-partout avec le filet posé pour l'empreinte du premier carton à biseaux.

6 Découper les biseaux à l'aide du cutter à 45° puis les habiller.

7 Découper 4 bandes de papier pour les filets ; même méthode de pose que pour le passe-partout, mais les poser sous le biseau.

Deuxième passe-partout et deuxième carton à biseaux

1 Prendre le second contre-collé, le poser sous le 1er passe-partout.

2 Prendre l'empreinte et rajouter 2,5 cm de marge en haut et en bas vers l'intérieur.

- La marge est de 2,5 cm, bien que nous ayons compté dans le tableau 2 cm, car au niveau du 1er passe-partout se rajoute un biseau à 45° de 0,4 mm.

3 Ouvrir. Poser les 4 bandes de filet sous le passe-partout.

4 Positionner sur le second carton à biseaux, prendre l'empreinte.

5 Couper à 45°. Recouvrir les biseaux.
Poser les 4 bandes de filet sous le carton à biseaux.

Troisième passe-partout et troisième carton à biseaux

1 Prendre le troisième contre-collé et prendre l'empreinte avec le 1er passe-partout ; rajouter 2,5 cm sur la droite et sur la gauche, en opposition avec le second passe-partout où l'on avait rajouté 2,5 cm sur le haut et le bas.

2 Ouvrir. Poser les 4 filets sous le passe-partout.

3 Poser ce troisième passe-partout sur le troisième carton à biseaux, prendre l'empreinte, ouvrir à 45°.

4 Habiller les biseaux, poser les 4 filets sous le carton à biseaux.

5 Coller le 1er passe-partout sur le 1er carton à biseaux, le second passe-partout sur son carton à biseaux et faites de même pour le troisième, en respectant les repères faits à chaque prise d'empreinte.

6 Coller les trois petits paquets ensemble en respectant bien l'ordre.

- Petit conseil : Après avoir collé les filets sous le passe-partout, attendre quelques minutes pour prendre l'empreinte sur le carton à biseaux pour être certain que les filets sont bien collés : s'ils bougent, l'empreinte ne sera pas droite.

▸ Assemblage du cadre

voir aussi chapitre «le cadre» pages 8 à 13

1 Poser l'anneau sur le carton de fond.

2 Positionner la broderie, coller le carton plume sur le carton de fond.

3 Ajouter les cartons, puis le verre, maintenir le tout avec les pinces.

4 Faire le paquet.

5 Couper les baguettes, assembler.

Pour cette broderie, dominante de vert et de jaune. Les filets sont vert foncé pour accentuer le contraste avec le jaune des biseaux. La profondeur des biseaux imbriqués met cette broderie bien en valeur. La baguette en loupe jaune éclaire l'ensemble.

« Cette technique demande du travail mais l'effet est garanti ! »

Dimensions : 71 x 56,5 cm

mon jardin

lexique

Carton à biseaux :
Carton de 3 ou 4 mm d'épaisseur (80 cm x 120 cm). Utilisé pour créer une profondeur dans un encadrement. Pour une meilleure impression de profondeur, prendre du 4 mm.

Carte bulle ou cartonnette :
Carton fin de 0,7 mm (80 cm x 120 cm) destiné à être recouvert de papier ou de relon pour la confection du passe-partout.

Carton de fond :
Carton bois de 2 mm d'épaisseur (80 cm x 120 cm) dans lequel est incrusté la tresse et l'anneau pour la suspension du cadre. Il sert de fond à l'encadrement.

Carton gris :
Il est utilisé pour protéger la table sur laquelle on travaille (80 cm x 120 cm) lorsque l'on n'a pas de tapis de coupe.

Carton-plume :
Il est léger et facile à couper. Il sert de support à la broderie, on peut facilement y enfoncer les épingles.

Contre-collé :
Cartonnette déjà habillée. Il en existe de différents tons (servant de passe-partout).

Fenêtre-image :
Partie visible du document ou de la broderie une fois l'encadrement terminé.

Feuillure :
Partie de la baguette sur laquelle repose le verre.

Filets :
Bandes de papier ou de relon plié en deux, positionnés sous les biseaux, ou sous le passe-partout. Ou fines bandes à poser sur le passe-partout.

Gabarit d'angle :
Petite plaque métallique ayant un angle à 45° et un autre à 90°. Il permet la découpe des papiers recouvrant les biseaux et des bandes de filets.

Marge :
Tracé du passe-partout.

Paquet :
Assemblage de tous les éléments de l'encadrement, maintenus entre eux à l'aide des bandes de papier kraft gommé.

Passe-partout :
Carton recouvert de papier ou fait avec un contre-collé dans lequel on trace et découpe la fenêtre-image.

Plioir :
Outil en os ou en résine (moins cher) permettant d'aplanir la pliure des bandes de papier servant à l'habillage des biseaux, des filets, pour une pliure nette.

Relon :
Tissu collé sur un papier.

Remborder :
Rabattre le papier sur le verso de la cartonnette lors de l'habillage de celle-ci.

Nous tenons à remercier les créateurs suivants pour nous avoir autorisé la reproduction de leurs modèles

Comment tendre une broderie ?

Noël au ruban
Couleurs croisées - Danielle Gouriou-Curie
16, rue Saint-Egarec
29810 Lampaul-Plouarzel
Tél : 02 98 84 10 70

Premières techniques

Retour de pêche
Couleurs croisées - Danielle Gouriou-Curie
16, rue Saint-Egarec
29810 Lampaul-Plouarzel
Adaptation en point de croix d'une aquarelle de Charles Cambier
Tél : 02 98 84 10 70

Histoires d'ours
Points contés
BP 50123
2369, rue du général de Gaulle
45161 Olivet Cedex
Tél : 02 38 76 01 77

Passe-partout en deux parties

Bateau de pêche
Création Rozenn Lucas pour DMC

La maison de la plage
Atelier des Abécédaires
40, rue des remparts d'Ainay
69002 Lyon
Tél : 04 78 38 76 68

Filet en creux sur passe-partout

Retour de marché
Milpoint
ZAES Le Moulin Rouge
24120 Terrasson

Torchons bleus
Atelier des Abécédaires
40, rue des remparts d'Ainay
69002 Lyon
Tél : 04 78 38 76 68

Biseaux en escalier

La palette
Milpoint
ZAES Le Moulin Rouge
24120 Terrasson

Vent de noroît
Couleurs croisées - Danielle Gouriou-Curie
16, rue Saint-Egarec
29810 Lampaul-Plouarzel
Adaptation en point de croix d'une aquarelle de Charles Cambier
Tél : 02 98 84 10 70

Biseaux imbriqués

Thé bleu
Lucas création - Vente par correspondance
10, chemin des potiers
29000 Quimper
Tél : 02 98 53 26 58

Mon jardin
Milpoint
ZAES Le Moulin Rouge
24120 Terrasson

isbn 2-908894-43-2

6, rue Deguerry
75011 Paris
Tél : 01 40 21 35 42

conception graphique
françois saint remy

achevé d'imprimer en Août 2002
sur les presses de l'imprimerie Caractères
à Aurillac

dépôt légal
3ème trimestre 2002